U0007809

RealCrazyMan◎著　彭玲林◎譯

自序

哈囉！大家好。

我是畫《血型小將ABO》的RealCrazyMan，朴東宣。

關於這本書的源起，其實是因為常常看到學弟妹或三五好友，聚在一起交換各種關於血型的有趣小插曲，漸漸地，就興起可以把這些點子，一一轉換成漫畫的想法。《血型小將ABO》於焉誕生！一開始，畫的只是出現在身旁關於血型的零散小故事，誰知道愈畫愈起勁後，基於想要徹底研究血型的想法，竟開始認真研讀起血型相關的書籍，最後意外發現，原來血型對一個人的性格，竟然有這麼大的影響！

家人的漠不關心曾讓你失望過？
朋友刺耳的建議總讓你倍感受傷？
老是悶不作響好像心懷祕密的同事曾讓你心情鬱悶？
交往很久了的戀人卻還是討厭做出承諾？

以上這些問題，究竟能不能用血型來解釋呢？

身為社會的一員，我深切地認為，能夠和身旁的其他人好好相處，真的是非常重要的一件事。然而在人際的應對上，每當有所不平，回顧其原因，通常都是因為無法接受並了解彼此的「不同之處」，才造成的。

我相信，除了性別、出生地、宗教、經濟狀況……血型絕對也是許多會影響人的個性中，很重要的一項。雖然從血型看個性，並沒有科學上的根據；但五年多下來，從人們血型分類上所歸納出的特性等各種層面，對我在之後與朋友的相處上，卻還是有很大的幫助。再加上因為創作的需要，我收集了許多在各種狀況下出現的「血型行為模式」，也讓我的視野更寬廣，更具備了想要了解別人的熱忱。

當然，我不認為世上只有A、B、O、AB型四種人。

透過《血型小將ABO》，我想說的是，每個人都是不同的，所以我們更應該要積極地去了解別人才對。

對閱讀本書的各位，我有兩個期望：

一、希望能對大家了解身旁的朋友，有一點點的幫助。

二、希望能給各位帶來一點點的歡笑。

最後，要感謝賜給我繪畫才能的上天、為了一天到晚遊手好閒的小兒子而祈禱的父親、母親、哥哥與嫂嫂，以及協助這些血型小將得以誕生在這世上，並且最後還出版成書的每個人。

朴東宣
2009.夏

A
B
O
AB

Part 3 血型人際關係學 098

Part 4 血型實驗小劇場 138

Part 5 作者的塗鴉日記本 196

O
A
AB
B

Part 1

Blood Types & Personalities

血型個性大不同

血型大會診

A型小將

A型喜歡依照自己設定的生活準則來過日子，
守法精神很強。

他們很會為其他人設想，
很懂得顧及他人的心情。

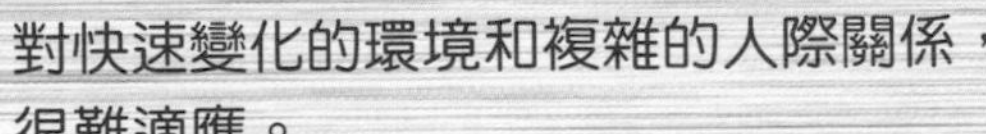

對快速變化的環境和複雜的人際關係，
很難適應。

對剛起步的事情
會特別謹慎。

對不確定的未來抱持著悲觀態度，
因此是未雨綢繆的完美主義者。

A型很會忍耐，而且很擅長壓抑自己的情感。

其實快吐了。

此外……和其他血型比起來，
A型的內心也特別容易受重傷。

B型小將

B型非常討厭被他人干涉，或被所謂的「規範」給拴住。

他們只喜歡有趣的東西！

B型不為形式所束縛，能自由地表達意見。

B型的想法天馬行空，
人際關係也很開放。

B型對未來很樂觀。

B型不易受到周遭環境的影響，對身旁的事物總是不太care。

他們雖然非常善變又不夠浪漫，但是卻非常有同情心。（作者自己非常喜歡這個血型。^_^）

O型小將

O型的求生意志很強。

他們既是理想主義者，也是現實主義者。

一旦目標出現，
O型會瞬間衝勁
十足！

但是，一旦目標
變得模糊不清，
他們也會立時喪
失鬥志。

O型最愛搞小團體，對非自己圈內的人，
有很強烈的戒心。

O型有集中精力做一件事的傾向，
所以，許多達人、專家都是O型。

他們直言不諱且很有主見，
對「妥協」一事常常很感冒。

他們雖然情緒化，卻不會記仇。

此外，O型的好勝心很強（但是只有在獲勝機率高的情況下），可說是最適合從事政治的血型。

AB型小將

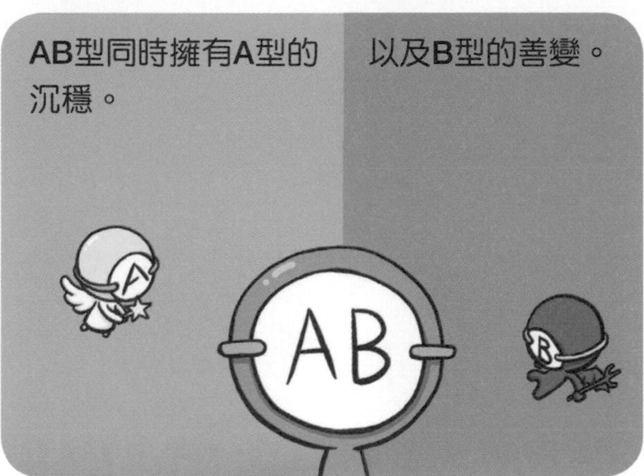

既理性又冷靜，談判技巧一流。

AB型的分析能力超強，

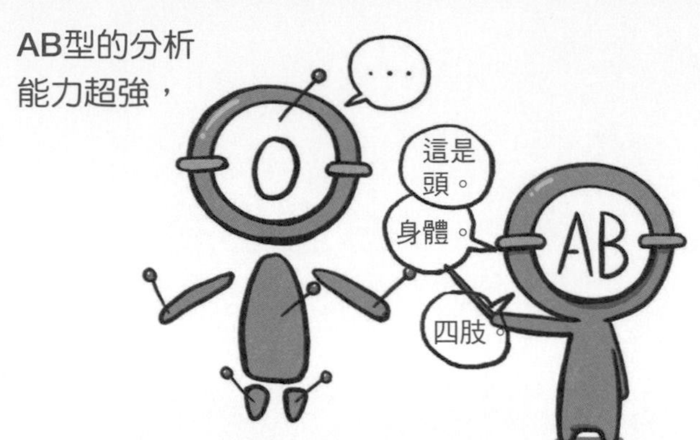

而且是天生的評論家，很敢說別人不愛聽的實話，但絕對發自真心。

他們在人際關係上，習慣保持一定的距離，討厭有人侵犯自己的地盤。

此外，AB型很愛睡覺，一定要睡飽飽才行。
雖然很有正義感，卻不是行動派。

2 血型心情大不同

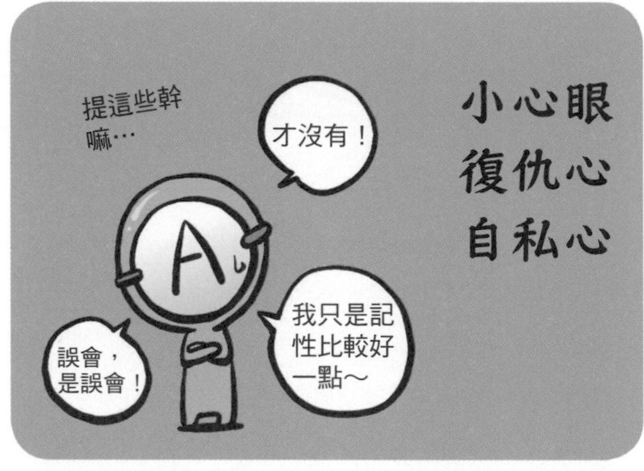
小心眼
復仇心
自私心
才沒有！
提這些幹嘛…
我只是記性比較好一點～
誤會，是誤會！

好奇心
好勝心
令人寒心
我好歹也是有頭有臉的人！
才遲到一下，心寒什麼啊。
雖然有點拖拉但也才偶爾…
叭答
叭答
你無恥…

無聊…
…
漠不關心

到底該如何介紹那傢伙啊？
難以定義…
童心？失心瘋？
我跟他不熟…

血型家境大不同

將各個血型的個性以「家」來比喻的話…

A型

A型非常謹慎，所以難免被認為難以接近。
他們家裡也總有著銅牆鐵壁般的保護措施。

B型

B型討厭受到束縛，用家來比喻的話，就是露宿於野外…

O型

雖然O型不太容易相信別人……

不過，只要認定對方跟自己「同一國」，就會門戶大開、毫無保留，完全不介意屋子裡其實大有問題…

由於AB型同時有著A型的理性與B型的感性，
所以總是既複雜又神祕，有如迷宮一般。

生活習性大檢驗

A型的人生總是無法擺脫責任和使命感。

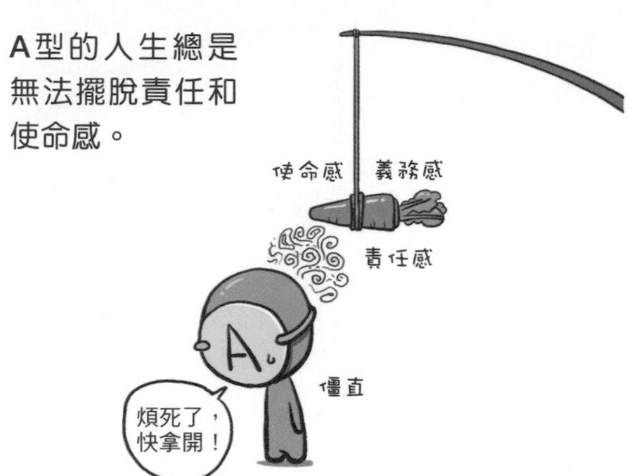

B型對於有興趣的事物相當執著，很懂得享受生活。

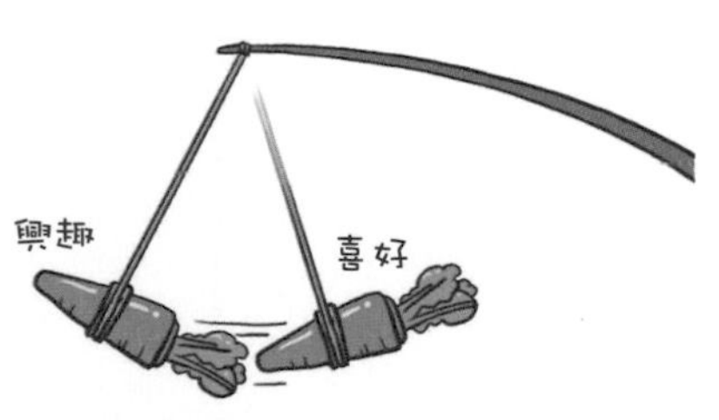

O型是各種血型中，對欲望最沒有自制力的血型。

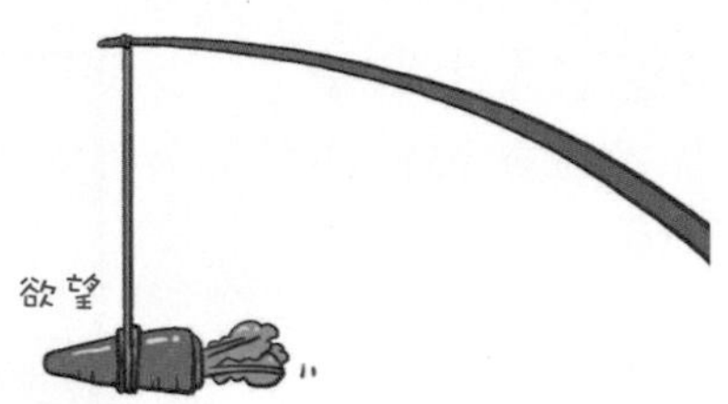

但是！

一但目標出現，O型的行動力會變成最強。

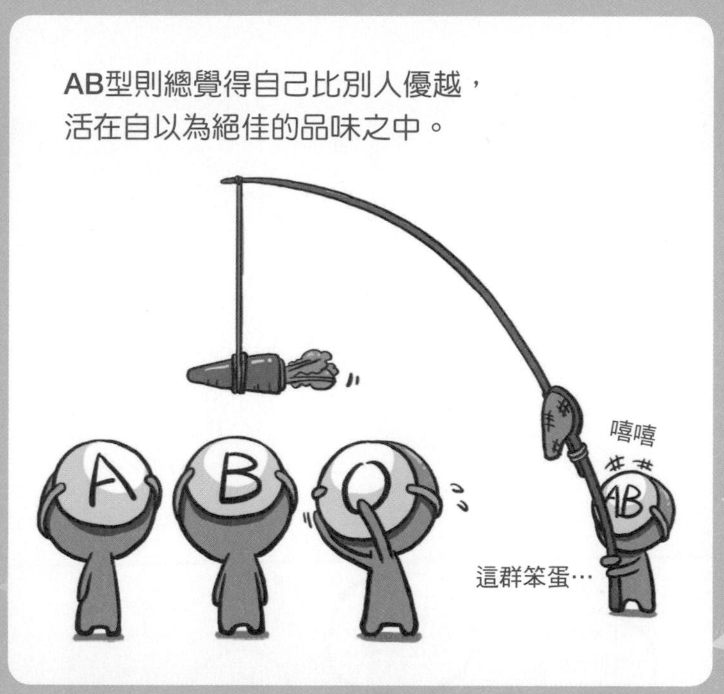
AB型則總覺得自己比別人優越，
活在自以為絕佳的品味之中。
A
B
O
AB
嘻嘻
這群笨蛋…

5 不同血型的優缺點

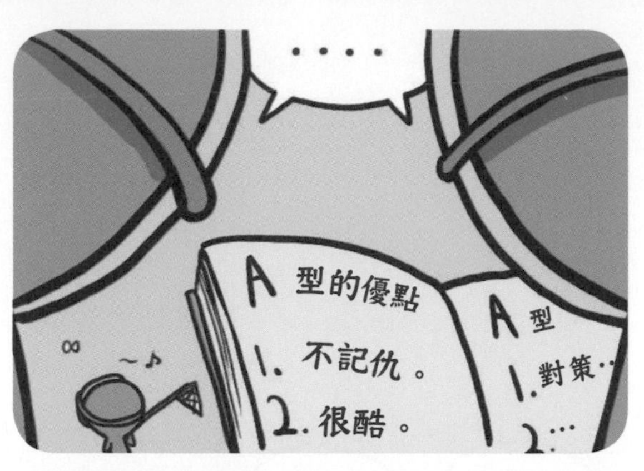
....
A型的優點
1. 不記仇。
2. 很酷。
A型
1. 對策…
2…

什麼嘛…
到底是哪裡酷了？
我也來看看你們的！
O
B
A

什麼？
…
B
哼！
B型的
1. 貼心
2. 善解人
B型
1. 對…

唉喲，笑死
我了！果然
是騙人的。
我們也來
看他的優
缺點。
可惡！
O
B
A

把這本
書扔了
吧…
沒錯！
什麼！
O型的優點
1.實踐家
2.守時
O型的缺
1.連自己
都不懂
自己…

6 形象大賽

在不同血型間舉辦一場形象大賽…

最會假仙的血型是？

在公廁上完大號後才發現沒有衛生紙，會用襪子擦屁屁的血型是？

口無遮攔最敢講的血型是？

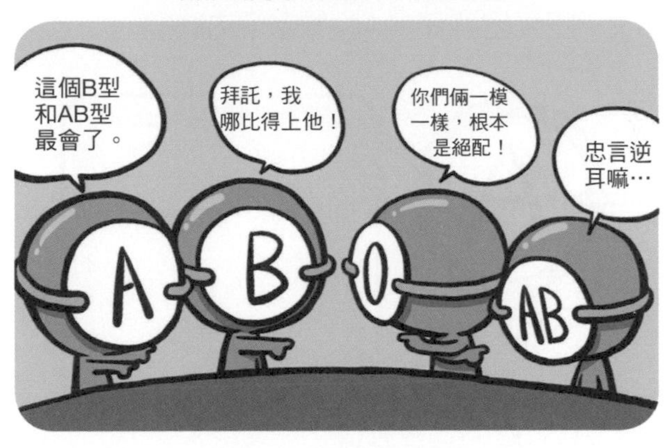

如果說誰是外星人的話…？

7 喜愛的空間

每個血型都有自己喜愛的空間。
不愛出鋒頭的A型喜歡靠在牆邊。

B型喜歡在中間。

好管閒事的O型喜歡在房間裡到處走來走去。

AB型則覺得角落很舒服。

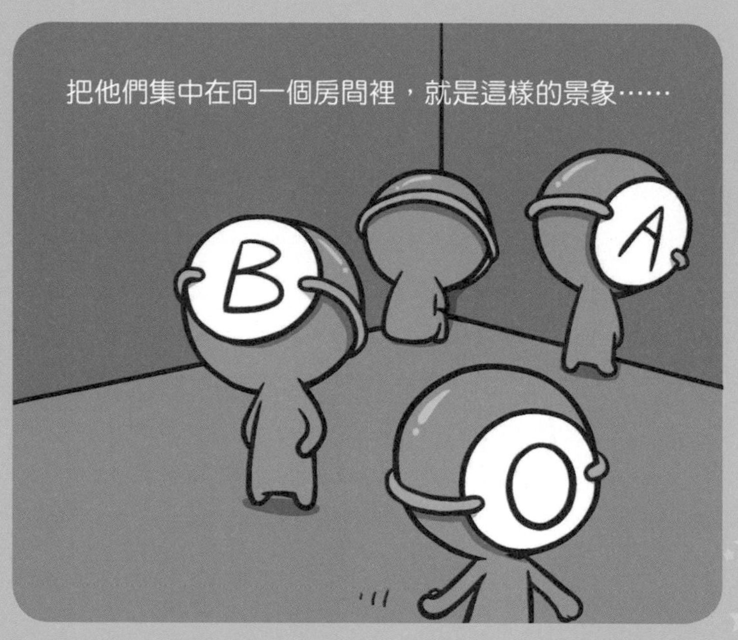
把他們集中在同一個房間裡，就是這樣的景象……
B
A
O

A型小將

A型的小孩雖然學習速度有些緩慢～

花的雄、雌蕊相遇的話，就會結成果實…

…

但其實是想探究原理多過背誦，了解原理後，學習速度會變得非常驚人。

嗯，這個嘛…

為…什麼？

Why？

你知道為什麼嗎？

為什麼？

就是大自然的法則嘛！

滾動

只要和「學習」有關，B型就會有排斥的傾向。

所以，對付B型的小孩，一定要結合學習和遊戲，才能引起他們的興趣。

O型小孩很擅長簡單的反覆學習。

AB型的小孩雖然學習能力很傑出，
但是集中力卻有待加強！

9 最討厭的事情

A型最討厭當眾遭到指責。
要是發生這種事，內心會充滿憤怒。

B型最討厭受到輕視，一旦爆發，容易和對方起大衝突。

O型很堅持自己的主張，非常討厭有人當面反對自己的意見。

AB型最討厭的就是言行不一、虛偽、偽善、背叛……一旦讓AB型有了這樣的印象，就很難擺脫。

10 面對約束的時候…

在幼稚園裡跟小孩這樣說

A型

O型

一邊說話一邊越過

B型

完全沒在care白線！

AB型

等老師回來就告狀

聚在一起的話…
B
O
A
AB
就是這個樣子！

11 特屬專長

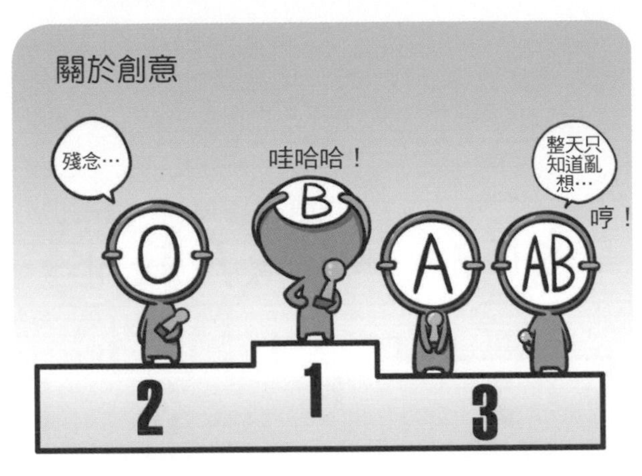
關於創意
殘念…
哇哈哈！
整天只知道亂想…
哼！
O
B
A
AB
2
1
3

分析能力
交給我的話，一定抽絲剝繭，逐一破案！
討厭殿後！
嗚…
B
A
AB
O
2
1
3

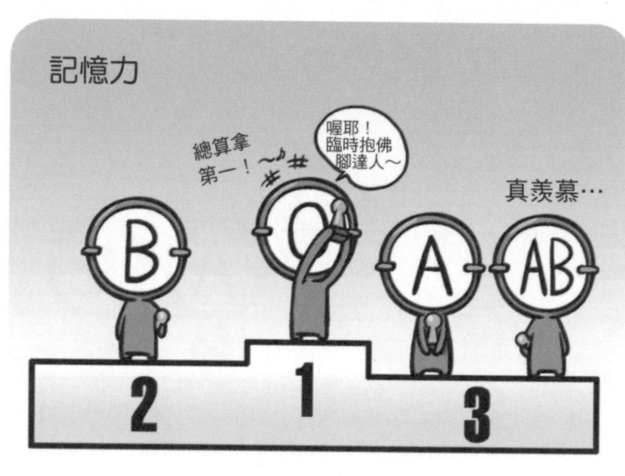
記憶力
總算拿第一！～♪
喔耶！臨時抱佛腳達人～
真羨慕…
B
O
A
AB
2
1
3

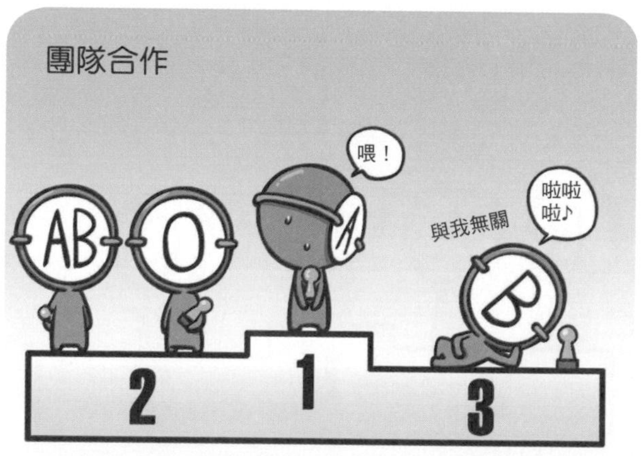
團隊合作
喂！
與我無關
啦啦啦♪
AB
O
A
B
2
1
3

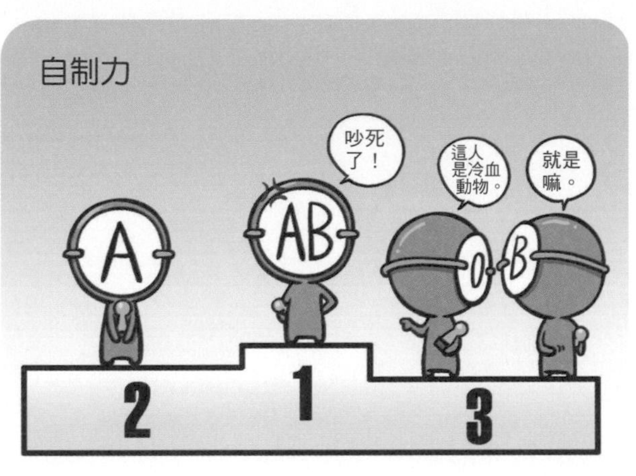
自制力
吵死了！
這人是冷血動物。
就是嘛。
A
AB
O
B
2
1
3

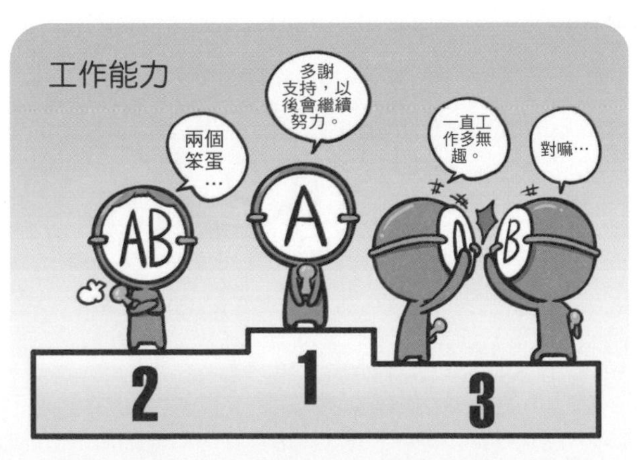
工作能力
兩個笨蛋…
多謝支持，以後會繼續努力。
一直工作多無趣。
對嘛…
AB
A
O
B
2
1
3

12 那個外星人是…？

聽說這裡頭有異形喔～
嘻嘻
AB

13 對自己血型的反應

你什麼血型？

請問你血型是…？

血型是哪一型的呢？

A、B、O還是AB型？

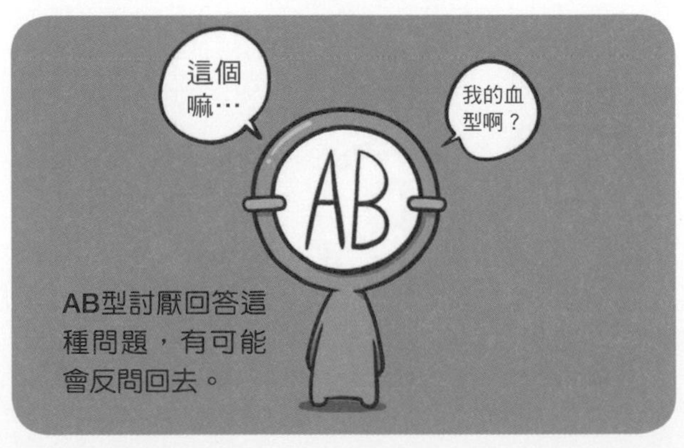

14 東西方的血型

在西方，理性的A型與愛搞二分法的O型佔大多數。

在東方，自由奔放的B型比例比西方多很多。

在對自然的關心方面，也看得出西方與東方的差異。在西方，習慣將自然視為必須征服與開發的支配對象。

相反地，東方人則認為自然與人類是同生共榮的。
山是山，水是水。
青山～
真美！

如今，雖然全球化使得東西方的差異大幅縮小，但根本上的差異恐怕還是存在的。真希望哪天大家都可以了解並接受彼此的優缺點，拋棄排他性的看法才是啊！（語重心長）

15 一句話論血型

獨特又有邏輯的
AB型！
?
AB

超有表現力
的鬼才O型！
裴勇俊
車仁表
元斌
O

人們在初次見面時，
沒頭沒腦地就問別人的血型，
好像不太好喔。
我們不應該以血型斷定一個人的個性，
就像不能以貌取人一樣。
（完全就是A型會講的話）

A
O
AB
B

Part 2

Blood Types & Love

血型戀愛大剖析

16 戀愛模式

A型的愛情

A型的愛情像燉鍋，雖然很慢熱，可是，一旦熱了之後，卻是最熱的⋯

A型的愛情就像打毛線，雖然要花很長時間，卻充滿了真心誠意。

A型的愛情在一開始時，
叩、
叩

就像過石頭橋，邊走邊敲來探路……
叩、
叩
叩

叩一
小心翼翼地進行。
敲夠沒！
叩一
叩一

A型男人最愛遵循戀愛公式，女人會覺得有點太ㄍㄧㄥ了。

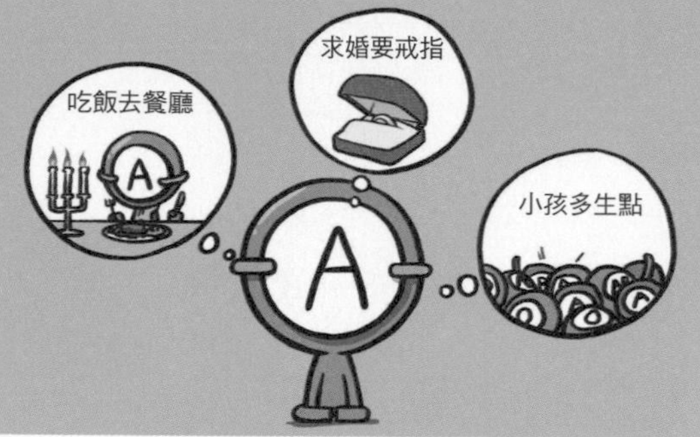

A型女人開始談戀愛時，雖然會小心過了頭；一旦陷入熱戀，就會全心全力去愛。

B型的愛情

B型的愛情大膽又開放。

B型一旦開始對對方產生好感…

拜開放的個性所賜，很快就能和對方混熟。

B型和對方個性合得來時，就會從友情發展成愛情。

可說是「二見鍾情」的標準案例。

B型一旦點燃愛情的熊熊烈火，
就一發不可收拾，周圍的人全都會遭殃。

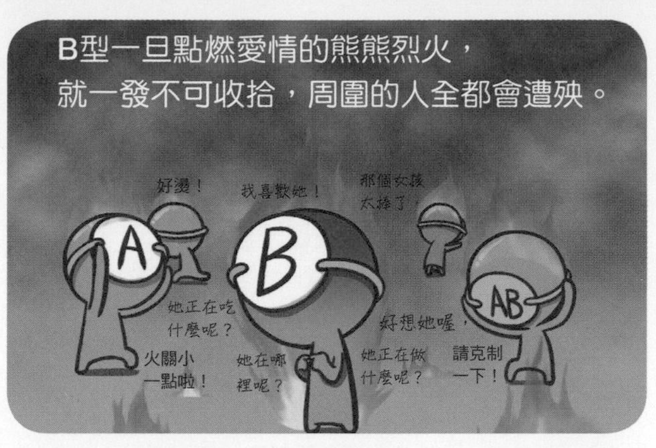

B型男人充滿活力又唐突的個性，非常兩極化，但有時仍會意外地膽小害羞。

B型女人平常神經很大條，不過一旦被告白，關心與愛情就會萌芽。

所以，要是喜歡B型女人的話，記得要先下手為強！

O型的愛情

O型傾向於將人分成敵我兩類，碰到異性時，也會馬上啟動這樣的二分法。

馬上被愛神的箭射中！

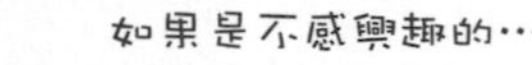

O型的生命力很強，即使受到傷害或分手，也完全不會漏掉一餐。

一般來說，O型人是不會拋下自己的生活去談戀愛的。
親愛的，你愛我嗎？真的嗎？
什麼！等一下…
我真的愛你，我全心全意地愛你～
要死你自己去死！
你願意為我死嗎？
那個…等一下～

O型男佔有慾很強，容易產生獨佔對方的傾向。

年輕的O型女人雖然很愛學小孩子撒嬌⋯⋯

但是，年紀較大，或是經濟獨立的O型女，卻覺得男人不怎麼重要。

AB型的愛情

AB型最討厭連續劇般糾纏不清又煩人的人際關係。

AB型喜歡童話故事的單純，遠勝過連續劇裡的複雜。

AB型天生就愛欲擒故縱，很容易讓情人摸不著頭緒。

女人需要可以牢牢依靠的人，
AB型男人卻傾向於只固守中立的立場。

AB型女人很有獨特的流行品味，
偏愛亮麗或特別時髦的事物…

所以AB型女很容易撞衫，算是英雌所見略同。

AB型女人討厭過度的身體碰觸，所以，和她們相處最好不要太激動。

17 戀愛類型

A型一旦表現好感，就一定要等到對方有回應，才會進入下一個階段。要是得不到對方的回應，心情會很悶…

B型 自我為中心的B型，很擅長依照自己的個性發揮實力，雖然看似熱情如火，但也可能是自作多情。

談戀愛的話，B型討厭過度的約束，在約定時間的一個小時前臨時取消約會，也不是不可能的事。

O型

O型在談戀愛時，雖然一下子就變很熱，但是如果拖得太久，也會一下子就變冷。

對於生活，O型有其非常現實的一面，因此，「摘天上的星星送我」這種幼稚的要求，對他來說是一大禁忌！

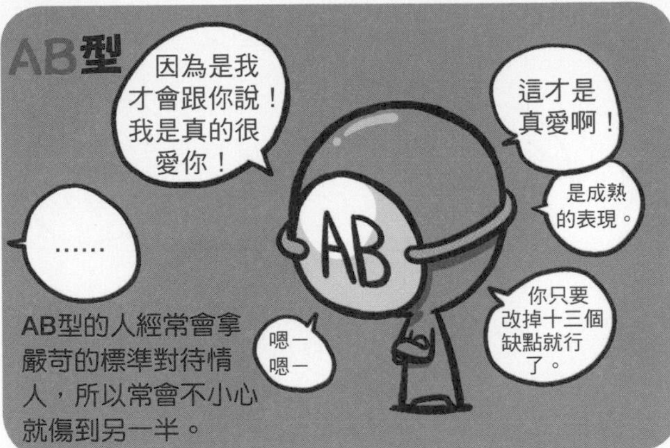

不過，AB型原本個性就很溫和，所以在照顧愛人時，總是呵護備至。

18 魅力指數

A型女fall in love

A♀－A♂：A型男為人著想、溫暖又細心的特質，深深吸引著A型女。

A♀－B♂：B型男和A型女完全相反、自由奔放的樣子，讓A型女小鹿亂撞。

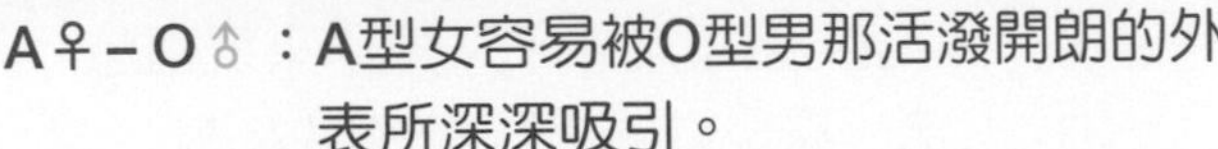

A♀－O♂：A型女容易被O型男那活潑開朗的外表所深深吸引。

A♀－AB♂：AB型男很了解女人柔弱的心，讓A型女情不自禁想依靠他。

B型女fall in love

B♀－A♂：A型男溫柔之餘，又對未來很有想法，真是值得信賴的好男人！

B♀－B♂：撇開男女關係不談，B型之間的頻率很對，非常合得來，但總覺得很難突破單純的朋友關係。

B♀－O♂：B型女易被O型男樂於分享的熱情所吸引。但……若內容不感興趣，就會當場冷掉。

B♀－AB♂：B型女易受AB型男不按牌理出牌的獨特想法所吸引。

O型女fall in love

O♀－A♂ ：A型男細心又溫暖的個性令O型女難以抵擋。

O♀－B♂ ：O型女容易為B型男獨特的談吐舉動而著迷。

O♀－O♂：O型男很會保護人的樣子，看了就欣賞不已！

O♀－AB♂：AB型男聰明又有條理，是難得一見的好男人！（O型女有高估AB型男的傾向）

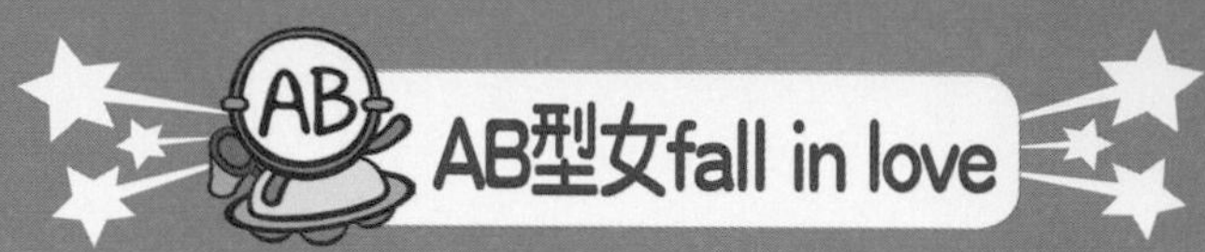

AB♀－A♂：彼此表現在外的個性很類似，所以很合得來。

所謂AB型，也可說是有著A型的外在，和B型的內在。

AB♀－B♂：雖然容易對B型不同於己的行動方式感到疑惑，但B型又直又酷的一面，仍然吸引力十足。

AB♀－O♂：O型男率真不做作的樣子，讓AB型女覺得很舒服。

AB♀－AB♂：由於可以進行只有他們彼此才懂的知性對話，所以，很有魅力。

19 女朋友的條件

第二個條件

第三個條件

第四個條件

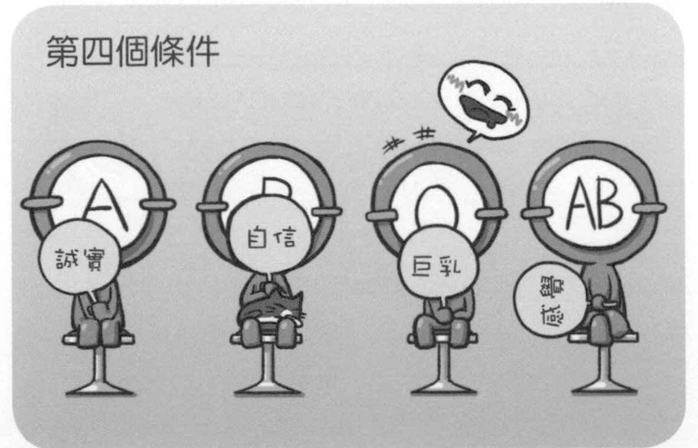

…
…
YES！
…
A
B
O
AB
誠實
自信
巨乳
感覺

你這變態的傢伙！
踢死你～
為什麼只打我?!
單純+巨乳？你混蛋!!
AB
踩死你
A
揍！
踹！
幼稚…

20 不同血型女人的動物代表…

A型的女人就像小松鼠，

非常地勤勞、誠實，

是那種為了目標努力不懈的類型。

很能自我節制，跟享受現在的生活相比……

B型女人就像貓咪。
小喵咪～
喵～
來這裡～
喂！
臭貓！
她們就是這麼隨心所欲…

O型女人就像小狗。

開朗的O型女人只要認定對方是男朋友，就很會撒嬌，而且會想要經常膩在一起。

但是！
一旦交往久了，個性很強的O型女人，就會變得跟最初談戀愛時完全相反。

…
AB
AB型女人的心情
就像是變色龍一
樣，變幻無窮。

…
嘖！
嗯…
哼！
AB
有時，像刺蝟一
樣，臉色非常難
看。

有的時候又
像孔雀……
搞什麼！
呃…
AB
好難
選…
怎麼選
那麼久！

21 不同血型女人的魅力

P.S.：這些都只是作者自己主觀的想法！

22 最花心的血型是…？

對B型來說，花心這個詞，就像影子般無法擺脫。

B型的個性外向，又容易跟異性親近，再加上個性有趣又隨和，總是很快就能贏得對方的好感。

不過，因為B型本來就「交遊廣闊」，所以，不太可能只跟一個人很要好。

而且，不論同性或異性，B型在建立情誼時，總是很難永續經營…

23 喜歡上某人的時候…

發現自己喜歡上對方時，A型會像媽媽一般細心地照顧對方。

B型會對喜歡的人開玩笑，有時反而變得很煩人。

不論大小事，O型都會很熱心，以盡全力教導對方的方式，來表達愛意。

AB型則心存不良，只想藉由玩弄人的過程，親近對方。

A
YES
B
NO
YES
O
AB
YES

Part 3

Blood Types & Social Relation

血型人際關係學

不同血型的人際關係

A型的人際關係

A-A 由於A型很有禮貌，所以彼此在生活上很合得來。但個性上頑固的一面，也可能會造成意見上的摩擦。

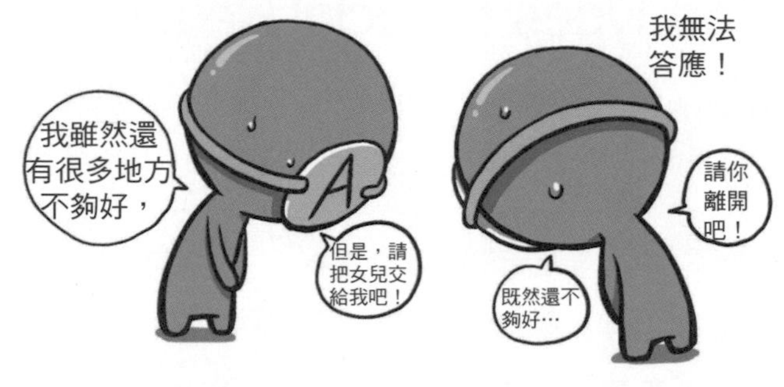

A-B A型討厭B型隨心所欲的行為，卻又喜歡B型自由自在的想法。

A-O A型喜歡O型單純卻積極的一面，對O型很有好感，會想要照顧他們。

A-AB A型如果了解AB型天生愛批評的個性，好好配合其理性的一面，就有機會能和平相處。

B-A B型覺得A型的小心謹慎是種負擔，卻肯定A型設想周到的一面。

B-B B型彼此雖然有很多相似的地方，很合得來，但是一旦開始頑皮，也可能就吵了起來。

B-O 由於O型很能接受B型，所以B型會很自在；但如果O型開始限制B型，B型會感到鬱卒，然後躲得遠遠的。

B-AB B型總想保護AB型理想主義又心軟的個性，即使自己的感情因此受到傷害，也能很快就釋懷。

O型的人際關係

O-A O型對細膩的A型，很有信任感。但要是覺得對方不是自己這一國的話，就會有戒心。

O-B O型喜歡B型自由的想法和行為。不過，若對方沒有能力的話，O型就會心生厭煩。

O-O 同樣是O型，雖然會覺得對方是競爭對手而懷有戒心，但只要認同對方是自己的戰友，就會產生同事情誼。

O-AB O型容易覺得AB型很聰明，所以願意忍受AB型刺耳的批評。但如果是能力欠佳的AB型，O型就會選擇忽略他們的存在。

AB型的人際關係

AB-A AB型覺得A型的小心謹慎和誠實的個性很值得信賴。

AB-B AB型覺得B型樸實無華的樣子很自在，而B型則是很了解AB型。

AB-O AB型喜歡O型感性的一面，但是由於彼此間仍有差異，產生紛爭的機會也不小。

AB-AB AB型之間，有一種無言的默契……

25 血型剋星 Part 1

怕什麼！隨便按
個鍵看看好了…
天啊！
按

怎麼啦？
那是我花了
半小時的心
血耶！
嘶嘶

你怎麼這樣給人
家亂按！那可是
我的血汗啊！
你要
負責！

火氣這麼
大幹嘛？
小心眼
砰！
小心眼

26 血型剋星 Part 2

只有沒事幹的人
才會把遊戲看得
那麼重要。
玩都玩
不膩…
…
AB
O

什麼事都不會的人
才會以玩遊戲來滿
足自我，不是嗎？
我沒
興趣。
直接說不玩
不就得了，
真討人厭…
AB
咕嚕
雖然他說的好像都對…

27 A型與B型吵架時

這是發生在我小學四年級開學前一天的事。

A型是事先準備型的，而O型則有愛推拖的傾向。

還有，A型的其中一項特殊才能，
你在家沒盯孩子寫作業，是在做什麼？
喋喋不休
囉囉唆唆
碎碎念

就是把說過的話，
我問你在家沒看著孩子做作業，是在做什麼？
囉囉唆唆
喋喋不休
瘋狂碎念

反覆再說好幾遍！
我問你在家沒看著孩子們做作業，都在做什麼！
喋喋不休
一再重複
囉囉唆唆
嘮嘮叨叨
喋喋不休
囉囉唆唆
喋喋不休
碎念攻勢
千言萬語
永不止息

偏偏B型最無法忍受說過的話一再重複。

而A型是絕對的安定主義者，極度討厭破壞和平與安定的事物。

28 食物鏈般的血型關係

B型會默默地照顧AB型。

喜歡教訓他人的O型則常常會對B型嘮叨。

O型在A型眼中，很難跟邋遢脫離關係。

對AB型來說，A型是值得信賴的人。

肚子好飽
吃得好累～
去撿！
丟－
喂！你也幫幫忙
吼，很煩耶！

29 B型的對話模式

真想再
靠近她
一點…

你可以給我
一點戀愛的
建議嗎？
啥？

B型有不太聽別人說話的傾向……

30 各血型讓人討厭的理由

每個血型都有會讓人討厭的部分。

「完全不懂他」、「不知道在想些什麼」……等，A型總是擔心他人會因為自己輕易就洩露心事而看輕自己，不夠坦率的結果反而容易因此遭他人的不滿。

「善變」、「沒禮貌」、「不為他人著想」……等，都是B型最常被人碎嘴的缺點。

「老頑固」、「只照顧自己人」，O型容易給人這樣的印象，長久下來，容易招來嫌惡。

「自己的事一句都不說，只會挑別人的錯」，AB型有話直說的一面，可能會變成讓人討厭的理由。

31 不同血型拍馬屁

對不太信任人的A型來說，拍馬屁不太有效。

對O型來說，拍馬屁的效果很好。但是，最好先熟悉到某種程度之後再試。

B型非常喜歡被人拍馬屁。效果滿分！

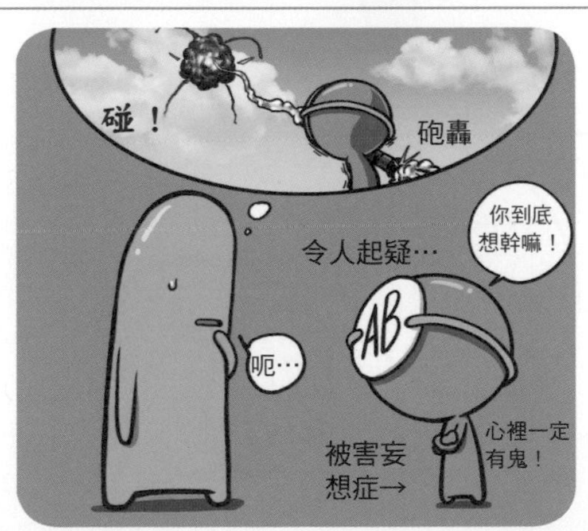

對冷靜又客觀的AB型來說，要拍他馬屁真的不太容易……

32 不同血型最常撒的謊

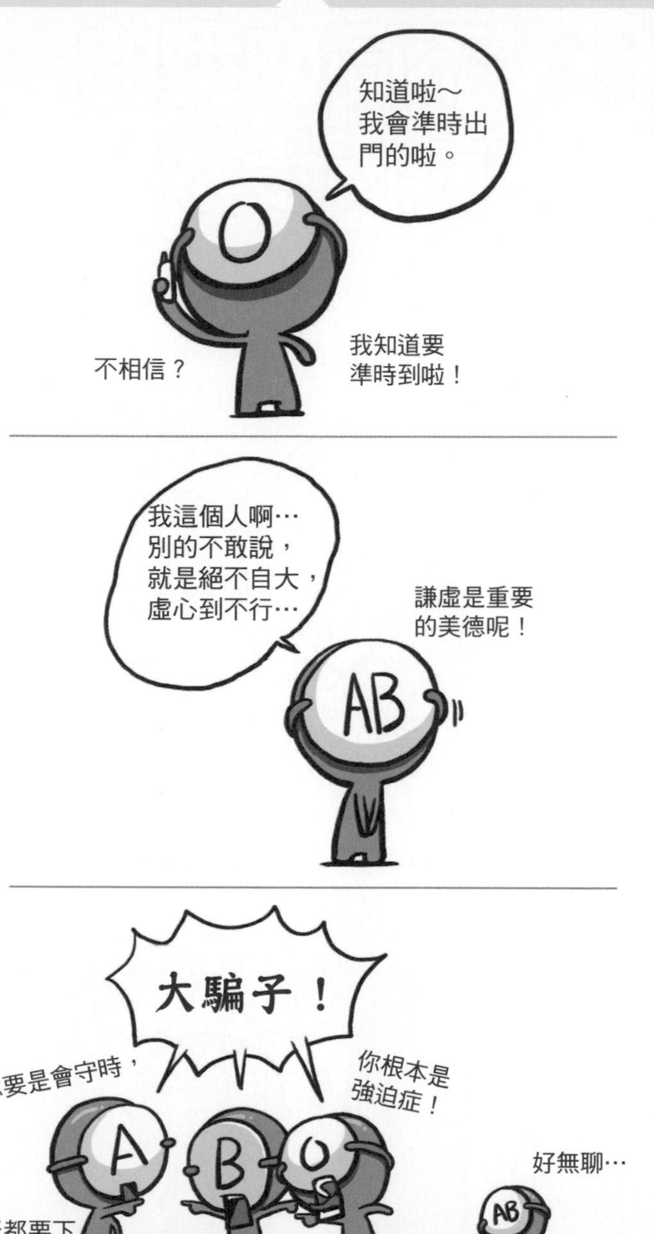
知道啦～
我會準時出
門的啦。
不相信？
我知道要
準時到啦！
我這個人啊…
別的不敢說，
就是絕不自大，
虛心到不行…
謙虛是重要
的美德呢！
大騙子！
你要是會守時，
天都要下
紅雨！
怎樣都
比你好！
你根本是
強迫症！
你們都
有病！
好無聊…
真是浪費
生命…

33 不同血型的討債步數

O型最愛迂迴前進…

B型則是單刀直入沒在客氣的……

AB型則是直接殺到對方家裡！

A型則是記得清清楚楚，但是卻鼓不起勇氣直說…

34 有效的求人術

對A型，必須鄭重地拜託，要表現出三顧茅廬的誠意才行。話說諸葛亮似乎就是A型……

對B型，必須一面配合對方的步調，一面引導至自己想要的方向。很多B型喜歡講電話，所以用電話溝通可能會有幫助。

有求於O型人時，一定要先跟對方變得親近才行。一旦獲得信任，大多可以順利獲得幫忙。此外，很多O型人喜歡寫信，所以一封真誠的信或許會有幫助。

對理性主義者的AB型來說，與其訴諸人情，不如採用更有邏輯的說明。與其突然造訪，不如在餐廳，一面吃飯，一面拜託。

35 不同血型說錯話

A型偶爾會不自覺地脫口說出內心話。

O型是超級大嘴巴。說錯話的原因，多是因為話本來就說得太多……

AB型因為其有話直說的個性，所以說實話和說錯話往往只有一線之隔。
哇～救命！
噗咻！
被掃射
發射！
又來了…
管他的
唉

B型則是有話直說，完全沒在管說錯話這件事……
快想想辦法！
唉喲…
去死吧！

36 不同血型生氣時的反應

A 無條件忍住。但由於一直忍耐，所以很可能會得內傷……

B 火氣上來了就馬上爆發的B型，大概不太知道什麼叫忍耐吧。雖然會傷到周圍的人，但B型對心理醫師的需求量應該會最低。

O　O型喜歡透過跟第三者抱怨來消除火氣。雖然可以達到目的，但卻可能連累到周圍的人…

AB　……

37 不同血型的社會位置

在人群中…

O型是將人聚集起來的關鍵。

A型則負責制定組織內的規範。

B型自由的想法讓人可以稍微鬆口氣。

AB型則負責製造生活的深度……

B
A
AB
O

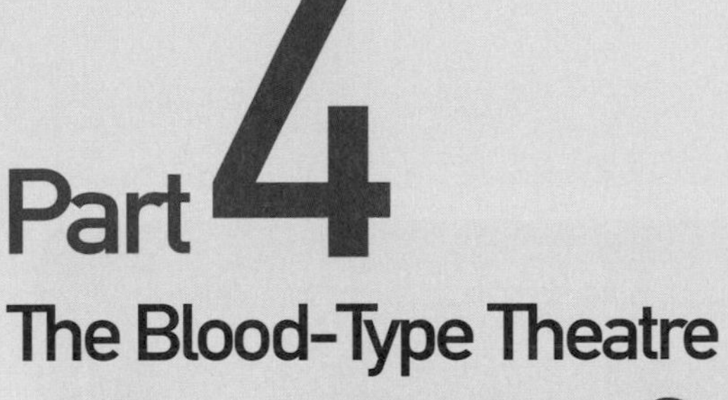

Part 4

The Blood-Type Theatre

血型實驗小劇場

38 血型勇士不同款

A型在出發之前會準備妥當。

在所有血型中，B型可說最善惡不分……

O型則是能拖則拖……

但是只要一感到勝算不大，馬上就會投降。

AB型喜歡發揮談判家的氣質，用說的方式解決問題。

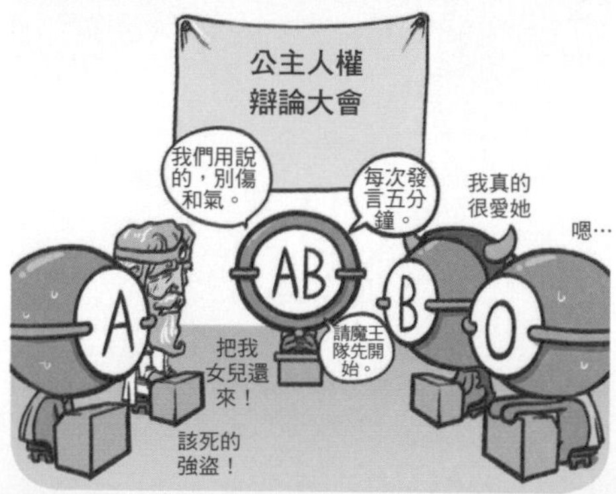

39 開車習慣

A型追求完美主義，而且很自傲。

B型開車很容易分心。

那些龜速車全都該炸掉！

O型無法忍受無聊……

AB型開車很容易打瞌睡。

前方又來
一個正妹
了！
開快點！
呼～
誰人比
我更犀
利！
AB
B
O
A

40 打破花瓶的話…

在幼稚園裡，將小朋友依血型分類，
告訴他們千萬不可以把花瓶打破。

A型

當測試者的手一碰到花瓶，愛操心的A型小朋友馬上騷動不已。
不可以！
放下來！
啊！
不行…
不能碰！
別亂來！

然後在打破花瓶之後，馬上陷入驚慌狀態，甚至箭一般飛奔去告狀！
老師！有人打破花瓶了！
…
啊…

B型

花瓶被打破之後，B型小朋友反而很高興…

但如果老師進來問是誰打破的，
就會表現出掩飾錯誤的「沒事」的樣子…

打破花瓶後，O型小朋友馬上擺出教訓人的陣仗。

一旦老師問起，O型會毫不猶豫地直接告發！

AB型

AB型小朋友本來就很冷漠，很難吸引他們的注意力…

就算打破花瓶，還是一樣漠不關心…

不過，AB型很愛告狀，會毫不猶豫地向老師告發。

41 在餐廳 Part 1

奔！

...
...

突然
起身！
?

奔！

.....

稀哩
呼嚕！

他們…是
因為我才跑
走的嗎…？
啊？
嗝～

42 在餐廳 Part 2

血型食堂
炸醬麵很好吃唷！
吃吃看吧
大家都吃一樣的吧！
這個好了！
什麼一樣！
A
O
AB

血型食堂
吃不飽…
嘀嘀咕咕
碎碎念
A
O
AB
B

血 型 食 堂
唉，
真難吃。
比想像
中難吃。
%$·&
8(*@3%.
硬著
頭皮
硬著
頭皮
硬著
頭皮

血
what?
啥咪?!
噴
這什麼
東西啊！
難吃
死了！

43 團康旅行

山裡涼快，
還有溪水⋯
我什麼山
都可以。
哇～
山好，
我喜歡！
A
B
O
AB

海邊有沙灘，
還有很多比基
尼辣妹⋯
我什麼
海邊都
可以！
哇～海邊
好，海邊！
無聊。
A
B
O
AB

夏天去爬山的話會累死，
去海邊的話，到處都是人，
你們確定要這樣嗎？
哦
A
B
O
AB

不如去河
邊吧，還可
以泛舟⋯
河邊好，
河邊！
河邊也
不錯～
A
B
O
AB

好吧，那
就去河
邊。
大翻
盤⋯
河邊最好!!
⋯
A
B
O
AB

出發當天
sorry，我不去了。
AB
對不起～我正在路上，再30…不對，再45分鐘就到了。
O
其實還在家
火冒三丈！
A
Fxxx!
拎北絕對要跟你們絕交！

當不同血型的人聚在一起說別人壞話……

A型：具有發現他人問題的天分。

表達方式也比較委婉。

不過，A型總是很怕自己的
批評會傳到當事人耳裡……

B型：對人際關係中的瑣碎小事並不關心。

O型：燃點很低，很容易就爆炸。

AB型：完全不受周遭人的影響，想說什麼就說什麼。

45 念書的方法

A型：事先進行充足的準備，以期達到十足的自信心，這對A型來說至為重要。

B型：出於很容易只讀喜歡的科目，所以建議最好從討厭的科目開始下手。

O型：緊急時刻，會發揮驚人的集中力，因此臨時抱佛腳的效果最好。

AB型：完全無法抵擋睡魔，所以要盡量避免熬夜，建議最好多利用清醒的時間。

當所有血型聚在同一個房間一起念書時…
嘀咕
嘀咕
呼嚕～
拎北一
定要跟他
們絕交！
《海賊王》
好好看…

46 下午三點之約

PM 2:15

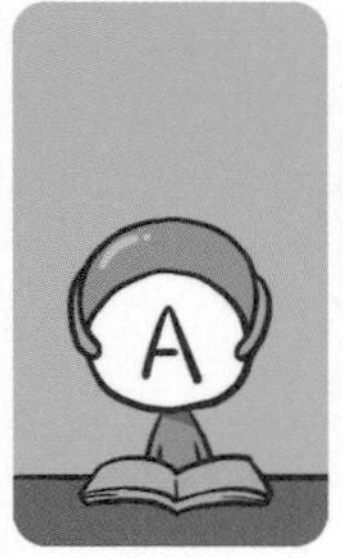

PM 2:30

PM 2:45

PM 3:00

PM 3:15

PM 3:30

PM 3:45

47 在無人島上…

對未來感到悲觀的A型，擔心之餘，會為了生存隨時未雨綢繆。

樂觀的B型馬上就能適應無人島的生活……

生存本能強的O型在無人島也可以過得很好，
但由於其群聚的個性，一定要有說話的對象。

AB型因為本來就很奇怪，說不定反而過得比以前更好……

不是說這是無人島嗎……？

48 面對危機的態度…

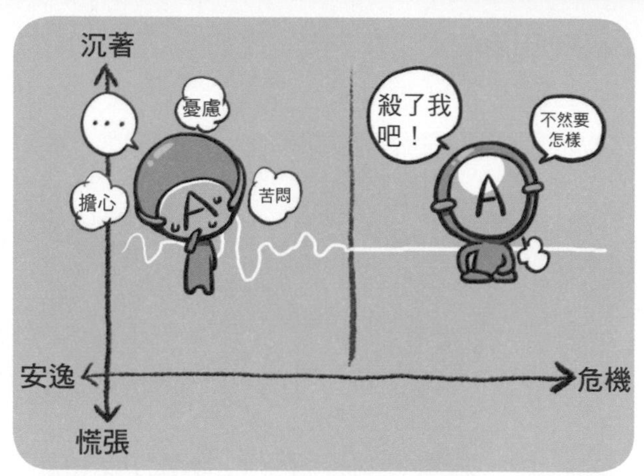

A型雖然平常會為許多小事雞婆操心，但是陷入困境時，卻會變得比任何人都堅強。

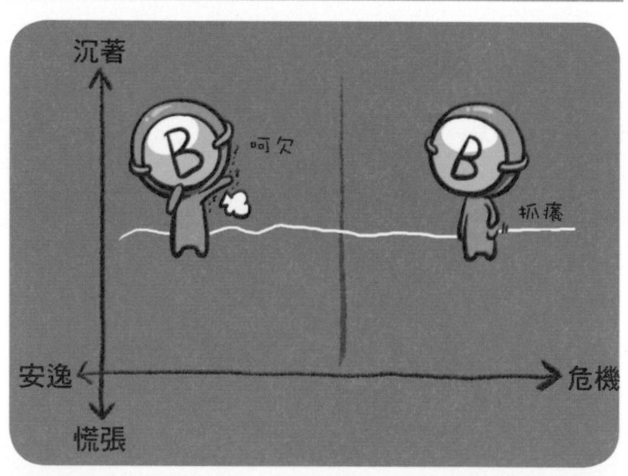

B型就算陷入困境，也不會有任何改變，讓人懷疑他是不是哪裡出了問題……

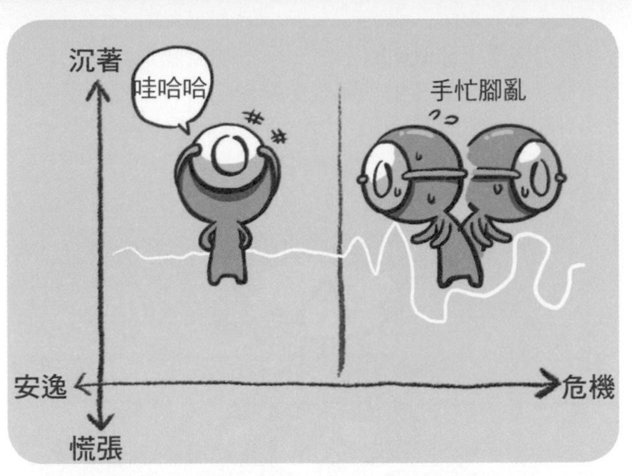

O型若是陷入困境，情緒上會出現巨大起伏，最好在事情爆發前就加以控制。

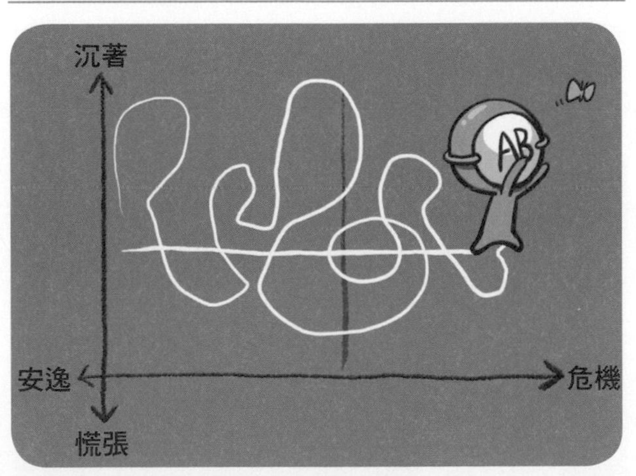

AB型基本上就是完全無法捉摸……

49 你的老闆是什麼血型？

A型老闆討厭不合邏輯的行為，有時候很愛干涉下屬。遇到這種老闆，最好的對策就是全按他的吩咐去做，在工作上有什麼比較特別的做法，最好都不要讓他知道。

B型老闆最討厭員工猶豫不決或優柔寡斷，還討厭想不出新創意的部屬。但如果真的想不出來，與其繼續絞盡腦汁，不如直接面對，B型老闆說不定反而會聽進你的意見。

O型老闆非常自我，所以不能容忍他人堅持己見。外表順從的話，就能獲得O型老闆的關愛。緊急時，記得要一邊拍馬屁並讚美O型老闆，一邊小心化解危機。

即使部屬事情做得很完美，AB型老闆還是會挑些小毛病，所以不要太在意。另外，由於AB型老闆控制慾強，所以最好隨時向其報告工作進度，並請求指示。

50 三國演義英雄們的血型是…？

劉備

史書記載：「劉備沉默寡言，喜怒不形於色。」

不輕易顯示感情，且因其人格而獲得周圍人士的敬重，綜合以上幾點得出，劉備是A型。

關羽

關羽是自制力絕佳的人，即使像張飛一樣愛喝酒，卻從沒有酒後「肇事」過。
嗝一
真爽！

雖然總能讓初次見面的人，留下修養很好的印象……
放輕鬆、放輕鬆…冷靜一

但是，因為自尊心強又很頑固，所以偶爾也會堅持己見，意外和某些人進行冷戰。

另外，即使在沒有麻醉的情況下，也能邊下圍棋邊進行開刀手術，其超人般的忍耐力可見一斑。

由以上各點觀之，關羽也是A型。

張飛

你們這些卑鄙
無恥的小人，
有種就出來
決一死戰！
將軍大人，衝啊！
你嚇到
我了…
衝啊！
張飛是行動
派，而且好
勝心很強。

跟關羽一樣愛
喝酒，但是卻
很容易因酒誤
事……

雖然張飛非常
的情緒化……
輕鬆
點…
一意孤行！
他以為
他是誰！

但是卻能分清楚對上位
者要有禮，對下位者可
嚴厲的分界，是很適合
階級社會的類型。

綜合以上分析，
張飛應該是感
性的行動
派O型。

諸葛亮

諸葛亮愛用的蒲扇，似乎正是隱藏自己內心想法的絕佳道具。

三顧茅廬直到最後，諸葛亮才表明其意，可見他對政治或權力並不在乎。

由此觀之，
諸葛亮似乎
是AB型。

AB

曹操

在三國演義中，獲得最佳領袖評價的曹操！

做為文人，
也具有絕佳
的感受力。
我的眼睛
太有神了…
似乎有點
嚇人？
瞪！
靈感來了！
文思泉湧！

此外，曹操還擁有卓越的政治家手腕，
善於治理國家。
瞪！
遲到的人
要請客！
開始開
會！

如此多才多藝，曹操當然是B型。

以曹操來說，領導統御力與推動力屬於O型，多疑的個性和小心翼翼的部分又很像A型，但是，其最大的特色其實是展現多方面的才能，因而判定他是B型！

51 我的A型老哥

這是第
一名的
獎品。
謝謝。
嘩！
一定很好吃！
我要送給馬麻…
不行…
給我一
點嘛…
我也
要！
給一
點嘛…
用力！
把這個咬過的痕跡…
削一
削一

弄好了！
大功告成
明天就可
以再分給
同學了。
嘻嘻
乾淨！

這是我老哥的真實故事，他說，這麼做既孝順又可顧到和班上同學間的友誼。每當我媽回想起那一天，還是為自己的孩子感到很驕傲。

我買個新的給你嘛～

如此替人著想、設想周到，不就是A型最大的優點嗎？

52 作者的血型是…？

我是O型。

我們家所有人的血型是這樣的。

爸爸是A型　媽媽是B型　哥哥是A型

他們都一一登場過了，各位還記得嗎？

我雖然具有O型特有的個性…

但由於受到A型爸爸與哥哥的影響，也有些A型的氣質。

受B型媽媽的影響，討厭悶不吭聲的人。

身為家中唯一的O型，連爸媽都常無法理解我。

我雖是O型，但卻好像擁有各種血型的特點，
可見，一個人的個性還有很多外來的影響因素……

血型真的只是其中一個影響個性的因素而已啊！

A
B
A

Part 5

RealCrazyMan's Diaries

作者的塗鴉日記本

作者的
塗鴉日記本 01

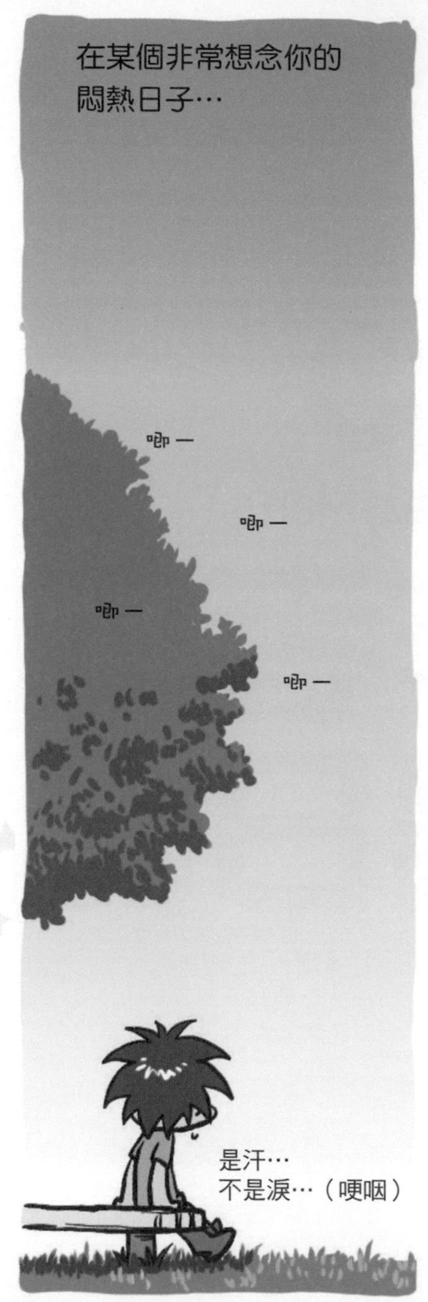
在某個非常想念你的
悶熱日子…
唧一
唧一
唧一
唧一
是汗…
不是淚…（哽咽）

人要是也像動物一樣有尾巴的話，該有多好…

因為這樣就可以很輕鬆地確認彼此的感情。

某個星期五…

飯局…

和看電影的計畫…

還有和酒肉朋友們的聚
會全都泡湯的某個男子…

孤獨地睡著了。

就這樣緊抱著餓扁的肚子…

不論是誰，
都無法過著兩種人生。
一旦選擇了其中一種之後，
就必須放棄另一種。
所以，你也應該在兩種之中
選擇一種。

沒人打電話來…

幾個星期前，回釜山老家時……

在睡夢中進入似醒非醒的朦朧狀態…

即使這樣，身體還是動不了…

作者的
塗鴉日記本
05

雖然說幼稚的
男生總是喜歡
漂亮的女生…
結婚兩年的
朋友J君
抓抓

不過，一旦
變成成熟的
男人之後…
彈

就會喜歡更
漂亮的女人。
抓抓
什麼
鬼…

作者的
塗鴉日記本
06

回憶…
翻箱
倒櫃

呼，
找到了！

作者的
塗鴉日記本 07

已傳送
昨天我沒做錯什麼吧？
慘了
唉，我這腦袋⋯
心臟碰碰跳

已接收
嘻嘻，我知道你昨天說了什麼話唷。哈哈哈！
咦？
我昨天說了什麼話嗎？

已接收
你大概不記得
你跟我告白了
吧。哼！
我的天啊!!
什…什麼
什麼時候…
在哪裡…

已接收
竟然沒有反應…
真無趣。其實是
我說了些過分的
話啦，不知道有
沒有傷到你…
啊？
開…開玩笑的？

（滅）
只是要騙我才這麼說的嗎…
什麼嘛…到底有沒有喜歡我啊…？

200X年4月14日
某年的黑色情人節

註：4月14日為南韓的黑色情人節，當天沒有情人的單身者依傳統，必須要吃炸醬麵。韓式炸醬麵使用的是黑色的甜辣醬，而黑色在南韓則代表單身。

作者的
塗鴉日記本
09

本來以為和某
些人變得非常
親密…
卻在不知不覺
間，又出現了
距離。
奇怪吧？

大概天性就是想跟周圍的
人維持一定的距離吧！
這種個性
真是煩！
唉

正中要害…好厲害的傢伙…

狂熱的群眾

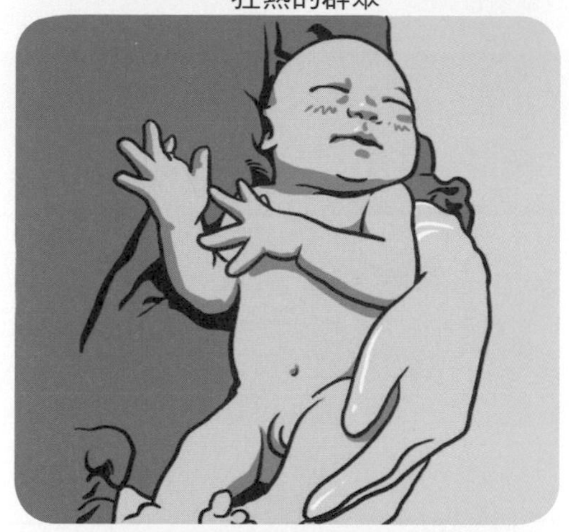

根據統計，每一萬名在南韓出生的男嬰，
就會有一名討厭足球。

為什麼，我偏偏就是無法享受
箇中樂趣的那一個呢……TOT

....

ㄟ…
啊～
我的天，又丟
了一球…
不行～
嗚–
唉喲！
怎麼辦～

....

活著，既沒有大好，也沒有大壞的我…

無法跟群眾擁有同仇敵愾的感情，真令人沮喪…TOT

老師的多功能棍子

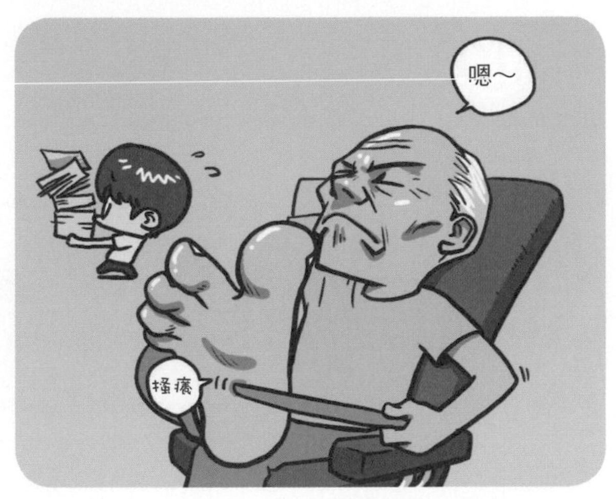
嗯～
搔癢

...

第一次去國外旅行的作者

是在皮箱裡
大便了嗎！
噴！
什麼臭酸味啊！
還是在裡面裝
了榴槤…
行李箱

怎麼沒一件事
是容易的…
討厭！
不滿～
抱怨～

第一次搭飛機時…
鞋子該
放在哪
裡呢？
居然還打算脫下鞋子再上飛機…

作者的
塗鴉日記本
13

要開很久喔！有沒
有先睡一會？
一個半小時吧？
睡睡醒醒的。

最近還好嗎？有沒有發
生什麼特別的事？
還不就老樣子～
這麼
慘…

連曾經熾熱的初戀，
也這樣遠離了…

有人曾這麼說過：
「退伍的時候…」

終於退伍了！

「青春也結束了。」

再見了我的青春…
我一輩子都會想念你的…

女人評價男人的方式太多了。依能力、依身高、依長相、甚至連講笑話都要評分…

跟女人比起來，男人是多麼地單純啊!!

(舔)

因為男人…就只看外貌這一項…

跟朋友一起度過的週末…
最後總是變成個人鬱悶心情的發洩大會…

拜和善的外表與活潑的個性之賜，
很受女學生歡迎的中國留學生龍明。

在聯誼會中，女學生對
龍明的關心簡直到了極致。

但是多半都是在關心經濟狀況…

嗯…
嗯…
似乎養
很多…
好奇

貓熊！
貓…
貓熊？
嗯？
鼓譟

天哪！
超好野！
吼！
把貓熊當寵物？
啥

寵物＝動物園動物？
猴子
大象
河馬
該不會
是…
…

我們這些住外面或單身的人，
是不能感冒的…

而且年紀還不小了…

作者的
塗鴉日記本
18

想不想聽
鬼故事？
鬼故事？
嗯

有天，我睡
到一半被惡
夢給嚇醒，
你就聽聽
看嘛。
我還曾晚上
關燈一個人
看鬼片哩。
我不太容易
被嚇到
發現
有個
男人…

突然有個人湊到眼前，心臟當然會碰碰亂跳…

正愛著某人的某個年輕小女生這麼說——

「愛得愈深，就愈痛苦…」

人們

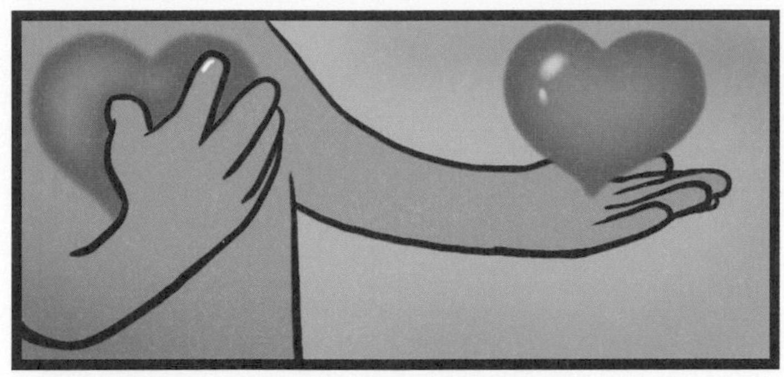

如果所謂的愛，是指愈長大，

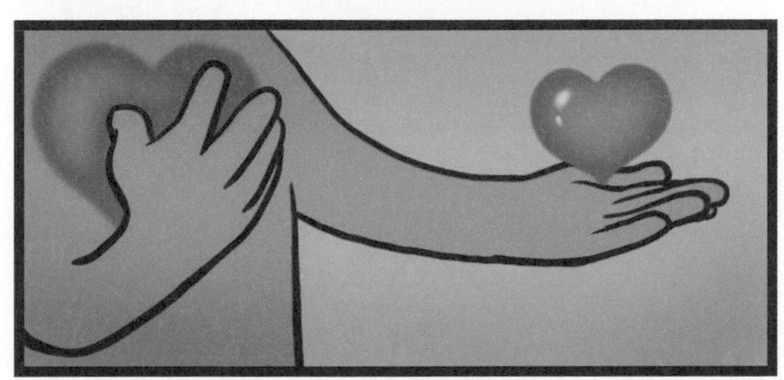

就愈小心翼翼…

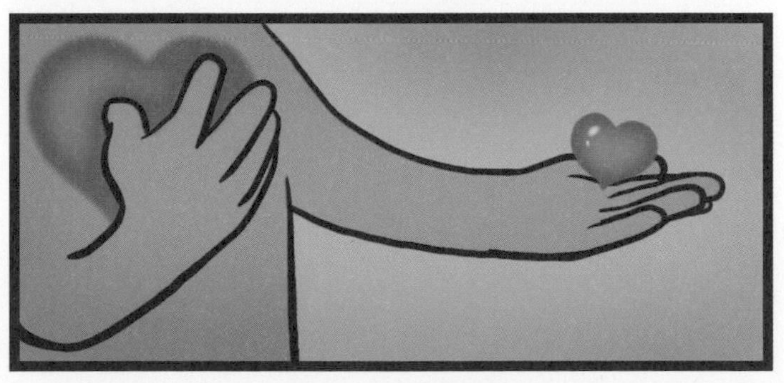

那豈不是非常可惜嗎？

加油！

真希望每個人都可以從愛裡，
找到更多的勇氣！找到…
愈愛，就愈愛對方的方法、
愈愛，就付出愈多的方法、
愈愛，就更勇於表白的方法…

追加推薦：A型人絕對著迷《達令的腦袋瓜》

FT0334

血型小將ABO

作　者
RealCrazyMan

譯　者
彭玲林

主　　編　林怡君　執行企劃　鄭偉銘
責任編輯　李振豪　董 事 長　趙政岷
美術設計　溫國群　總 編 輯　周湘琦
lucius.lucius@msa.hinet.net
內文排版　黃雅藍

出版者　時報文化出版企業股份有限公司
台北市108019和平西路三段二四〇號三樓
客服專線　（〇二）二三〇四－七一〇三
郵撥　19344724 時報文化出版公司
信箱　一〇八九九臺北華江橋郵局第九九信箱

時報悅讀網　www.readingtimes.com.tw
電子郵件信箱　comics@readingtimes.com.tw
法律顧問　理律法律事務所陳長文律師、李念祖律師
印刷　和楹印刷有限公司
初版一刷　二〇一〇年四月二十六日
初版三十八刷　二〇二三年二月二日
定價　二六〇元

時報文化出版公司成立於一九七五年，並於一九九九年股票上櫃公開發行，於二〇〇八年脫離中時集團非屬旺中，以「尊重智慧與創意的文化事業」為信念。
ISBN 978-957-13-5192-6
Printed in Taiwan

血型小將ABO / RealCrazyMan圖文；彭玲林
譯. -- 初版. -- 臺北市：時報文化, 2010.04
面；　公分. -- (FA漫畫一般系列；FA0334)

ISBN 978-957-13-5192-6(平裝)

1. 血型　2. 漫畫

293.6　　99005576